Warum Reden? Als Ergänzung zu ihren Dichterlesungen bietet die Stiftung Lyrik Kabinett seit 2005 ein Forum für die historischen, ästhetischen, theoretischen und poetologischen Positionsbestimmungen der Poeten, will Kompaß sein für ihr Navigieren auf stolzen Schiffen im unabsehbaren Ozean der Literatur (auf dem auch die Bergungsboote von Kritik und Wissenschaft umhertreiben). Tatsächlich Reden: und nicht etwa Vorreden, Traktate oder Essays - »dramatische Akte« also zwischen dem Redner und seinem Publikum, durchaus in der Tradition von Goethes Frankfurter ›Rede zum Schäkespears Tag‹ von 1771, die alle Regelpoetik wegfegte, in derjenigen von Schillers 1784 in Mannheim gehaltener Rede ›Was kann eine gute stehende Schaubühne eigentlich wirken?‹, und auch in der Tradition Rudolf Borchardts seit seiner Göttinger ›Rede über Hofmannsthal‹ von 1902. Mit Gottfried Benns Marburger Rede ›Probleme der Lyrik‹ von 1951 und Elias Canettis Münchner Rede ›Der Beruf des Dichters‹ von 1976, mit der Büchner-Preis-Rede Paul Celans und den Frankfurter Vorlesungsreihen Ingeborg Bachmanns und Ernst Jandls hat sich eine Form etabliert, die es lebendig zu halten gilt. Denn nur in der öffentlichen Rede läßt der Autor seine Zuhörer am Prozeß seiner Poesie unmittelbar teilhaben - und an sich selbst, innerhalb und außerhalb der ihn umgebenden, ihn lähmenden oder inspirierenden Gemeinschaft.

Warum (nur) zur Poesie? Und nicht zur Literatur in ihrer Gesamtheit? Weil für die Lyrik als einem Randphänomen des Randphänomens Literatur die Notwendigkeit der Selbstvergewisserung in einem besonderen Maße besteht.
 Als »Muttersprache des Menschengeschlechts« (Johann Georg Hamann) ist sie die Kerngattung aller Literatur, »die höchste Form menschlicher Rede in jeder Kultur« - »die einzig verfügbare Versicherung gegen die Vulgarität des Herzens« (Joseph Brodsky). Als solches kommt ihr eine grundlegende und übergreifende Bedeutung zu.

Warum in München? Diese Stadt steht synonym für den Aufbruch der Moderne um 1900, mit so extremen Polen wie Stefan George und dem Kabarett der ›Elf Scharfrichter‹, der Vollendung des hohen Tons also und der Meisterschaft der leichtgeschürzten Muse, der Verachtung alles Etablierten und der Aufmüpfigkeit gegenüber allem Hergebrachten. Könnte es einen Ort geben, der dafür geeigneter ist als das Münchner Lyrik Kabinett? Hier hat man sich der Poesie aller Zeiten und Regionen verschrieben und öffnet ihr seit fünfzehn Jahren die Räume – geradezu symbolisch in der topographischen Lage zwischen Universität und den Schwabinger Künstlerkneipen, inmitten also von Gelehrsamkeit und Kreativität. Dieses im Grunde undenkbare »Haus für Gedichte«, wie Martin Mosebach es bei der Eröffnung des neuen Gebäudes im März 2005 genannt hat, ist ein utopischer Nichtort – als Ort für die Poesie genau das Richtige.

Münchner Reden zur Poesie

Herausgegeben von Maria Gazzetti
und Frieder von Ammon

Mit freundlicher Unterstützung der

ELEONORA
SCHAMBERGER
STIFTUNG

Jan Wagner
Der verschlossene Raum

Stiftung Lyrik Kabinett
München

Diese Rede wurde am 28. März 2012
im Lyrik Kabinett München gehalten

© 2012 Stiftung Lyrik Kabinett
Lektorat Christian Döring
Typografie Friedrich Pfäfflin
Gesetzt in der Korpus Gill Sans
und gedruckt von Gulde-Druck in Tübingen
ISBN 978-3-938776-32-2

I

Meine Damen und Herren, obwohl Sie sich heute, was Sie ehrt, auf den Weg gemacht, sich hier zusammengefunden haben, um einem Vortrag über das unpopulärste Genre zu lauschen, das die Literatur zu bieten hat, über die Lyrik nämlich, obwohl Sie also offensichtlich ein Interesse an der Poesie haben, erlauben Sie mir, Sie am Anfang meiner Rede mit einem Ausflug ins beliebteste Fach zu überraschen, und das heißt natürlich: zum Kriminalroman. Denn wer sich etwas ausführlicher mit Lyrikern und ihren Biographien beschäftigt, wird erstaunt feststellen, daß sich ausgerechnet unter ihnen, die ja jenseits der Bestsellerlisten und des grellen Bühnenlichts ihrer seltsamen und alles andere als einträglichen Tätigkeit nachgehen, daß sich gerade unter den Dichtern also verblüffend viele finden, die Kriminalromane lesen, ja geradezu verschlingen – wodurch das am meisten Beachtung findende literarische Genre mit dem abseitigsten, fast vergessenen, weit öfter zusammentrifft als man annehmen sollte.

»Für mich, wie für viele andere, ist das Lesen von Detektivgeschichten eine Sucht wie Tabak oder Alkohol«, schrieb W.H. Auden, bekannte allerdings, daß es ihm schwerfalle, auch solche Kriminalromane zu goutieren, die sich nicht des ländlichen Englands, seiner Landschaften und Herrenhäuser, als Hintergrund bedienten. Auf der anderen Seite des Atlantiks, in Pablo Nerudas Sommerhaus »La Sebastiana« im chilenischen Valparaíso, läßt sich noch heute die beeindruckende Sammlung von Kriminalromanen aus aller Welt besichtigen, meist in den Originalfassungen, die der Nobelpreisträger zusammentrug. Und selbst die deutschen Antipoden Bertolt Brecht und Gottfried Benn, die sich von Herzen abgeneigt waren, fanden zumindest in diesem einen läßlichen Laster zu einem gemeinsamen Nenner. »Colt – aber, Herr Oelze!«, ruft Benn in einem Schreiben an seinen liebsten Briefpartner aus, der sich, ganz Bremer Geschäftsmann, mit Schußwaffen augenscheinlich nicht auskannte. »Lesen Sie keine Kriminalromane? Ich ständig, wöchentlich 6, Radiergummi für's

Gehirn, - ein berühmter amerik. *Revolver*, ohne den kein Scotland Yardmann auftritt«, schreibt Benn also und endet mit den Worten: »empfehle Wallace, Agatha Christie, van Dine, Sven Elvestadt. Tausend Grüsse! Ihr Benn.« Sogar in einem späten Gedicht, ›Was schlimm ist‹ heißt es, schlägt sich diese Leidenschaft nieder — denn schlimm sei unter anderem, so Benn, wenn »man kein Englisch kann, / von einem guten Kriminalroman zu hören, / der nicht ins Deutsche übersetzt ist«. Bertolt Brecht schließlich sah im Lesen von Detektivgeschichten eine »intellektuelle Gewohnheit«, von der er auch im Exil nicht abließ, ganz gleich, wohin es ihn verschlug. In Kalifornien etwa notiert er Mitte der vierziger Jahre: »Wenn Eisler nachmittags nicht kommt, bleibt nur der Simenon.«

Die literarische Vorliebe dieser und vieler anderer Dichter, diese charmante Schwäche für eine so ganz anders geartete Textsorte hat mich immer schon fasziniert. Und vielleicht gelingt es uns, wenn wir von diesem Kuriosum ausgehen, es vielmehr ernst nehmen und nicht für einen bloßen Zufall halten, vorzudringen zum eigentlichen Gegenstand unseres Interesses, zum Gedicht also und seiner Beschaffenheit. Dabei darf man wohl von vorneherein ausschließen, daß ein Interesse am Kriminellen und am Kriminalistischen dahinter steckt, die schiere Lust am Nervenkitzel, am Verbotenen, die Faszination des Bösen — auch wenn hier und da in Gedichten durchaus ein Mord geschehen oder ein anderes Verbrechen stattfinden kann. Man denke an Brecht, auch jenseits der ›Dreigroschenoper‹, jenseits von Macheath, dessen Messer man, anders als die Zähne des Haifisches, nicht sieht, man denke etwa an sein Gedicht ›Apfelböck oder Die Lilie auf dem Felde‹ aus der ›Hauspostille‹, das einen Elternmord in vierzeilige Strophen bringt:

> In mildem Lichte Jakob Apfelböck
> Erschlug den Vater und die Mutter sein
> Und schloß sie beide in den Wäscheschrank
> Und blieb im Hause übrig, er allein.

Ein Gedicht übrigens, das Brecht einem wirklichen Kriminalfall der zwanziger Jahre verdankte, genau wie das etwas längere Poem ›Von der Kindesmörderin Marie Farrar‹, das in der ›Hauspostille‹ gleich darauf folgt. Beide aber waren für Brecht ausschließlich deswegen interessant, weil sich in ihnen die gesellschaftlichen Verhältnisse bündeln und attackieren ließen, die bekanntlich nicht so waren, wie sie hätten sein sollen. Die letzte Strophe der ›Marie Farrar‹, insbesondere das abschließende Couplet, läßt an Deutlichkeit nichts zu wünschen übrig:

> Marie Farrar, geboren im April
> Gestorben im Gefängnishaus zu Meißen
> Ledige Kindesmutter, abgeurteilt, will
> Euch die Gebrechen aller Kreatur erweisen.
> Ihr, die ihr gut gebärt in saubern Wochenbetten
> Und nennt »gesegnet« euren schwangeren Schoß
> Wollt nicht verdammen die verworfnen Schwachen
> Denn ihre Sünd war schwer, doch ihr Leid groß.
> *Darum, ich bitte euch, wollt nicht in Zorn verfallen*
> *Denn alle Kreatur braucht Hilf von allen.*

Was Gottfried Benn betrifft, an dessen frühe ›Morgue‹-Gedichte man denken könnte, an jenen ersoffenen Bierfahrer mit seiner kleinen Aster also, an das Mädchen aus dem Schilf, an die namenlos verstorbene Dirne mit der Goldplombe im Backenzahn, so präsentiert er zwar eine Reihe von Leichen, bei denen man nicht in jedem Fall sicher sein kann, wie genau und durch wessen Hand sie ins Schauhaus gelangten, die aber in ihrer Mehrheit wohl doch zu den Selbstmördern und den bei allen Frühexpressionisten überaus geschätzten Wasserleichen zu zählen sind – und die vor allem deshalb aus den trüben Gewässern und im Text auftauchen, weil ihr Schock- und Ekelpotential ganz beträchtlich ist. Benn selbst konnte, wie er später gestand, seine ›Morgue‹-Sequenz nur mithilfe eines gut gefüllten Schnapsglases wiederlesen.

Doch lassen wir der Einfachheit halber die Lyriker selbst zu Wort kommen, denn von einigen, die ihr Faible für die Kriminalliteratur nicht verheimlichten, liegen auch theoretische Texte zum Thema vor. Helmut Heißenbüttel etwa setzte sich mit den ›Spielregeln des Kriminalromans‹ auseinander, und Bertolt Brecht verfaßte einen Aufsatz mit dem Titel ›Über die Popularität des Kriminalromans‹, dem wir eine erste, wenn auch naheliegende Erklärung entnehmen, denn, so Brecht, »der intellektuelle Genuß kommt zustande bei der Denkaufgabe, die der Kriminalroman dem Detektiv und dem Leser stellt«.

Am eindrücklichsten hat sich vielleicht der große englische Dichter Auden mit der Materie auseinandergesetzt. In seiner so eloquenten wie tiefgründigen Sammlung von Essays ›The Dyer's Hand‹, ›Die Hand des Färbers‹, findet sich unter der Überschrift ›The Guilty Vicarage‹, was sich mit »das verbrecherische Pfarrhaus« oder auch »das schuldbeladene Pfarrhaus« ins Deutsche übersetzen ließe, eine Reflexion über den Kriminalroman und dessen Leser, die mit einigen bedenkenswerten Thesen aufwartet. »Die erstaunlichste Tatsache hinsichtlich der Detektivgeschichte ist«, so Auden, »daß sie den größten Reiz genau auf jene Leute ausübt, die gegen andere Arten von Tagtraumliteratur immun sind. Der typische Krimisüchtige ist ein Arzt oder ein Geistlicher, er ist Wissenschaftler oder Künstler, mit anderen Worten, er ist ein ziemlich erfolgreicher berufstätiger Mann mit intellektuellen Interessen, der in seinem eigenen Feld äußerst belesen ist, einer, der nie und nimmer die ›Saturday Evening Post‹ oder etwas mit dem Titel ›Wahre Bekenntnisse‹ ertragen könnte, auch nicht Filmzeitschriften oder Comics.« Und Auden fährt fort: »Ich vermute, daß der typische Leser von Detektivgeschichten, ganz wie ich selbst, eine Person ist, die unter einem Gefühl von Schuld zu leiden hat.«

Auden unterscheidet in seiner Abhandlung ausdrücklich zwischen Kriminalliteratur und künstlerisch anspruchsvollen Werken. Im Krimi, schreibt er, gebe es immer ein Verbrechen und eine gewisse Zeit lang eine Unsicherheit darüber, wer die Schuld an diesem Verbrechen trägt; sobald der Täter feststehe, sei auch die Unschuld aller anderen einwandfrei und ein für allemal sichergestellt. Im Kunstwerk hingegen – Auden wählt als Beispiel den

10

›Prozeß‹ von Kafka – stehe die Schuld fest, nur das Verbrechen nicht. Auden schließt: »K, der Held, ist in der Tat genau das Bildnis einer Person, die, um allem zu entfliehen, Detektivgeschichten lesen würde. Die Fantasie, der sich der Krimisüchtige also hingibt, ist die Vorstellung, aufs Neue im Garten Eden angelangt zu sein, in einem Zustand der Unschuld, in dem er die Liebe als Liebe und nicht als gesetzliche Vorschrift wahrnehmen darf.« Das ist ein schöner und faszinierender Gedanke, der uns zugleich daran erinnert, wie eng verwandt im Deutschen die Wörter »Lösung« und »Erlösung« sind. Wir werden später auf sie zurückkommen. Lassen Sie uns vorerst noch einen Augenblick beim Thema bleiben, und gehen wir zeitlich noch etwas weiter zurück.

II

Denn es kann doch, meine Damen und Herren, kein Zufall sein, daß einer der Begründer der modernen Lyrik, ein Dichter, der auf Baudelaire, der ihn ins Französische übersetzte, einen so immensen Einfluß ausübte und von dem eine maßgebliche Traditionslinie über den Dichter der ›Fleurs du mal‹, sodann über Paul Valéry und Benn bis in die Gegenwart führt, zugleich der Erfinder der Detektivgeschichte ist. Die Rede ist natürlich, Sie ahnen es bereits, von dem Amerikaner Edgar Allan Poe, der dem traditionellen Musenkuss und dem inspirierenden Götterfunken der Zeitgenossen seine betont nüchterne ›Philosophy of Composition‹ entgegenstellte, ob als Provokation oder durch und durch ernst gemeint, sei dahingestellt.

»Die meisten Verfasser – insbesondere die Poeten«, hebt Poe an, »möchten gern so verstanden sein, als arbeiteten sie in einer Art holden Wahnsinns – einer ekstatischen Intuition –, und sie würden entschieden davor zurückschaudern, die Öffentlichkeit einen Blick hinter die Kulissen tun zu lassen […] auf die Räder und Getriebe – die Maschinerie für den Kulissenwechsel – die Trittleitern und Versenkungen – den Kopfputz, die rote Farbe und die schwarzen Flicken […]. Ich für mein Teil, habe weder

Verständnis für den erwähnten Widerwillen noch jemals die geringste Schwierigkeit, mir die Entwicklungsphasen einer meiner Arbeiten zu vergegenwärtigen [...]. Ich wähle ›The Raven‹ als das bekannteste [Gedicht]. Meine Absicht ist, deutlich zu machen, daß sich kein einziger Punkt in seiner Komposition auf Zufall oder Intuition zurückführen läßt: daß das Werk Schritt um Schritt mit der Präzision und strengen Folgerichtigkeit eines mathematischen Problems seiner Vollendung entgegenging.«

Soweit Poe, der im nun folgenden Essay darangeht, die Entstehung seines »Raben« minutiös darzulegen. Er habe, behauptet er, zunächst die ideale Länge des zu schreibenden Gedichts bestimmt und einen Umfang von rund hundert Zeilen ermittelt. Sodann habe er sich für die Tonart entschieden, die eine der Trauer sein sollte, danach für den Gebrauch eines Refrains. Über dessen Wesen habe er nachgedacht, um sich dann auf ein einziges prägnantes und regelmäßig zu wiederholendes Wort zu konzentrieren. Poe schreibt: »Als der Klang des Refrains so festgelegt war, galt es, ein Wort zu wählen, das diesen Klang enthielt und zugleich möglichst nahe an jene Melancholie herankam, die ich als Stimmung des Gedichts festgelegt hatte. Bei einer solchen Suche ist es völlig ausgeschlossen, das Wort ‹Nevermore› zu übersehen. Tatsächlich war es das erste, das sich mir anbot.«

So geht es weiter und weiter. Poe wurde mit diesen Ausführungen zum Ahnherrn all derer, die den handwerklichen Aspekt des Dichtens hervorheben, das Gemachte, wie Benn es nennt, all derer, die der Inspiration, gar dem Schaffensrausch, eher skeptisch gegenüberstehen – wie auch Benn, der Schöpfer der ›Morgue‹-Gedichte. Wie bemerkenswert also, daß die Erzählung, die Edgar Allan Poe 1841 publizierte und mit der das detektivische Genie, der ermittelnde Sonderling in Gestalt des Auguste Dupin Einzug hielt in die Literatur, daß diese Erzählung ausgerechnet den Titel ›The Murders in the Rue Morgue‹ trug oder, in einer deutschen Übersetzung, ›Der Doppelmord in der Rue Morgue‹. So verbindet der Zufall, wenn es denn ein Zufall ist, Benn und Poe nicht nur in ihren poetischen Überzeugungen, sondern sogar in den Titeln ihrer vielleicht bekanntesten Werke.

Die Geschichte Poes werden Sie alle kennen; trotzdem sei sie in wenigen Stichworten noch einmal zusammengefaßt: Eine alte Dame und ihre Tochter, die gemeinsam eine Wohnung im vierten Stock in der Rue Morgue bewohnen, werden auf grausamste Weise ermordet. Als man, durch die gellenden Schreie alarmiert, in die Wohnung eindringt, sind sämtliche Türen von innen verschlossen, auch die Fenster sind allem Anschein nach verriegelt; die Zimmer sind in einem chaotischen Zustand, aber nichts ist entwendet worden, und von dem Täter oder den Tätern fehlt jede Spur. Die Pariser Polizei ist ratlos – nur dem Laiendetektiv Auguste Dupin gelingt es dank seiner scharfsinnigen Schlußfolgerungen, das Geheimnis der blutigen Morde zu klären. Sie werden sich erinnern: Ein Seemann, sein entlaufener Orang-Utan und ein nur von diesem zu erkletternder Blitzableiter an der Hauswand spielen ihre Rolle bei der Lösung des Falles.

Nicht nur erfand Poe mit dieser Erzählung die Detektivgeschichte, er schenkte ihr auch gleich zu Beginn einer erstaunlichen Karriere ihren beliebtesten und langlebigsten Topos – das sogenannte »Locked Room Mystery«, das Problem des verschlossenen Raumes also, eines bis zum Auffinden der Leiche scheinbar unbetretenen oder unbetretbaren Tatorts, eines Mordes, dessen Umstände ihn eigentlich unmöglich erscheinen lassen, der aber dennoch ganz offenkundig geschehen ist. Es gibt zahlreiche Variationen: Mal ist die Tatwaffe ein Dolch aus Eis, der schmilzt und dadurch verschwindet, mal, wie in einer der berühmtesten Sherlock Holmes Geschichten, eine tödliche Giftschlange, die nachts als »geflecktes Band« durch die Belüftungsanlage geschickt und zum exotischen Mordinstrument wird. Und auch die Lösungen sind vielfältig: Vielleicht war der Mord schon geschehen, bevor das Zimmer verschlossen war, zum Beispiel durch ein zuvor verabreichtes Gift? Oder er wurde auf heimtückische Art – etwa durch jene auffällig gemusterte Schlange – von außen verübt? Wurde der Ermordete in Wahrheit gezwungen, im abgeschlossenen Raum Selbstmord zu begehen? Oder geschah die Tat doch erst, nachdem die Polizei die Tür aufgebrochen hatte, im kurzen Durcheinander, in der allgemeinen Verwirrung?

Poes ›Doppelmord in der Rue Morgue‹ wird eingeleitet durch eine längere Passage, die kaum einen Kriminalfall erwarten läßt. Der Ich-Erzähler, der sich als Freund Auguste Dupins zu erkennen gibt, widmet sich darin den analytischen Fähigkeiten der Hauptperson und gelangt zu einer interessanten Beschreibung des Detektivs an sich: »Er findet Gefallen an Denkaufgaben«, läßt Poe seinen Erzähler also sagen und nimmt damit Brechts Formulierung vorweg, »an Rätseln, an Hieroglyphen, und bei ihrer aller Lösung legt er einen Grad von *Scharfsinn* an den Tag, welcher dem gemeinen Begreifen außernatürlich erscheint. Seine Ergebnisse, erbracht wohl ganz im Wesen und Geiste der Methode, haben in Wahrheit durchaus den Hauch von Intuition an sich. Beträchtlich gestärkt wird die Fähigkeit des Wieder-Auflösens möglicherweise von mathematischen Studien.«

Wer jetzt zurückdenkt an Poes ›Philosophy of Composition‹, kommt nicht umhin zu bemerken, wie verblüffend ähnlich seine Beschreibung des Detektivs auf der einen und die des Dichters auf der anderen Seite einander sind. Bis in die Wahl der Wörter hinein läßt sich dies verfolgen, spricht Poe doch in beiden Passagen von einer fast mathematischen Genauigkeit und benutzt hier wie dort den Begriff Intuition, die bei ihm freilich kein Geschenk ist, keine Musengabe, sondern sich bei beiden, beim Detektiv wie beim Dichter, dem analytischen Denken, einer kalkulierenden Kreativität verdankt – mit dem Unterschied natürlich, daß der Dichter etwas erschafft, während der Detektiv eine vorgefundene Situation entwirrt.

Die Tatsache aber, daß es in Poes so grundlegendem poetologischen Text über das lyrische Schreiben und in der theoretisierenden Einleitung zu seiner ersten Detektivgeschichte zu derart erstaunlichen Überschneidungen kommt, rückt plötzlich auch eine andere Analogie in den Bereich des Möglichen: Läßt sich vielleicht das Gedicht selbst, wie das unerklärliche, Rätsel aufgebende Zimmer in der Rue Morgue, das auf die theoretische Einführung des namenlosen Erzählers folgt, als »locked room« begreifen, als ein verschlossener Raum, vom Dichter ganz gezielt und Schritt um Schritt erschaffen, immer auf den maximalen

14

Effekt beim Leser bedacht, noch die kleinsten Wirkungen berechnend – nur um am Schluß den Schlüssel von innen stecken zu lassen und sich in Luft aufzulösen, auf mysteriöse Weise zu verschwinden?

III

An dieser Stelle soll ein kurzer Exkurs riskiert werden, um mögliche Mißverständnisse zu vermeiden: Denn das Gedicht ist selbstverständlich kein Rätsel, das zu lösen wäre – auch wenn es, nachdem so viel von Hieroglyphen, Denkaufgaben und Rätseln die Rede war, naheliegt, an die alte Tradition der Rätselgedichte zu denken. Widmen wir uns also für einen Augenblick dieser Gattung, die im Barock so beliebt war, bei Georg Philip Harsdörffer beispielsweise oder bei Christian Hoffmann von Hoffmannswaldau. Auch spätere Dichter, selbst die bekanntesten, vergnügten sich mit ihnen, Johann Peter Hebel etwa, selbst Goethe.

Es handelt sich zumeist um Gedichte von nur wenigen Versen Länge, in denen ein Gegenstand umkreist, umschrieben, angedeutet, eben: verrätselt wird, ohne daß er genannt würde – dies geschieht, wenn überhaupt, erst am Gedichtende, kleingedruckt, in Klammern gesetzt oder auf dem Kopf stehend, so daß, wer nicht selbst auf die Lösung kommt, das Buch wenden muß. Gottfried August Bürger, um endlich ein Beispiel zu geben, verfaßte den folgenden Vierzeiler:

> Verfertigt ist's vor langer Zeit,
> doch mehrenteils gemacht erst heut.
> Sehr schätzbar ist es seinem Herrn,
> und dennoch hütet's niemand gern.

Gemeint ist, man ahnt es, das Bett. Auch Bürgers Widersacher Friedrich Schiller verfaßte »Parabeln und Rätsel«, so die Überschrift, unter der die Gedichte in den gesammelten Werken zusammengefaßt sind, wobei Schiller die richtige Antwort zumeist selbst in Versform hinzufügte. So finden wir bei Schiller Rätsel auf den Pflug, auf den Regenbogen, auf den Blitz oder, wie in dem folgenden kurzen Auszug, auf den Schatten der Sonnenuhr:

> Ich drehe mich auf einer Scheibe,
> Ich wandle ohne Rast und Ruh,
> Klein ist das Feld, das ich umschreibe,
> Du deckst es mit zwei Händen zu.

Edgar Allan Poe schließlich, von dem heute schon so oft die Rede war, verfaßte für den ›Baltimore Visiter‹ ein Gedicht mit dem Titel ›Enigma‹, in welchem der Leser jener Zeitung elf Autoren von Homer bis Shakespeare zu erraten hatte. Es ist, überflüssig zu erwähnen, nicht unbedingt Poes stärkstes Gedicht, was der Grund dafür sein mag, daß er es nur mit einem »P« und nicht mit seinem vollen Namen unterzeichnete.

Obwohl das Rätselgedicht nur ein unbedeutender Zweig der Poesie ist, was selbst der leidenschaftlichste Verfasser von Rätselgedichten zugeben wird, kann es doch erhellend sein, wenn man nachdenkt über das Gedicht und über die Erwartungen, die nach wie vor an das Gedicht gestellt werden. Macht doch das Rätselgedicht genau das, was ein Gedicht niemals tun sollte: Es erübrigt sich, sobald die richtige Antwort gefunden ist. Es läßt sich lösen, ohne daß auch nur ein Rückstand bliebe. Es ist die unglückliche Bestätigung der Prämisse, ein Gedicht lasse sich auf eine bündige Aussage reduzieren, wenn man nur einmal den Schlüssel umgedreht, die Dinge geordnet, eins und eins zusammengezählt, die harte Nuß geknackt hat. Die Frage, die wir alle von wohlmeinenden Lehrern gehört haben und die doch bekanntlich am Wesen des Gedichts vorbeigeht, die Frage nämlich, was der Dichter »uns damit sagen« wolle, findet ihre endgültige und überaus ernüchternde Antwort im Rätselgedicht: Der Dichter sagt uns nichts anderes als »Bett«, er sagt uns »Sonnenuhr« und er sagt uns »Regenbogen«.

Vor einiger Zeit erhielt ich den Brief eines sympathischen und ganz offensichtlich leidenschaftlichen Lehrers, der seinen Schülern die Poesie näher bringen wollte und zu diesem Zweck auf eine originelle Unterrichtsidee verfallen war: Er hatte ein kurzes Gedicht von mir ausgewählt, wofür ich ihm dankbar bin, und seiner Klasse vorgelegt, allerdings ohne den Titel des Gedichts zu nennen. Vielleicht lese ich Ihnen das kurze Stück – samt Titel – der Einfachheit halber einmal vor. Das Gedicht, dies nebenbei, spielt mit der bekanntesten japanischen Gedichtform, dem Haiku, in dem, das ist eine seiner Regeln, nur siebzehn Silben vorkommen dürfen, verteilt auf drei Zeilen, die einmal aus fünf, dann aus sieben, drittens wieder aus fünf Silben bestehen. Es handelt sich um eine Art Doppelhaiku; sein Titel ist ›teebeutel‹:

I

nur in sackleinen
gehüllt. kleiner eremit
in seiner höhle.

II

nichts als ein faden
führt nach oben. wir geben
ihm fünf minuten.

Die Schüler sollten nun erraten, um was für einen Gegenstand es sich handeln könnte, was auf diesen sechs Zeilen beschrieben wird. Und so bewundernswert ich den Einfall und das Engagement des Lehrers fand, so sinnvoll diese Idee in pädagogischer Hinsicht auch gewesen sein mag, beschlichen mich doch leise Zweifel, je länger ich über diese Unterrichtsstunde nachdachte: Denn während ich vom Gegenstand, vom Konkreten ausgegangen war, um zu anderen Fragen zu gelangen, zu anderen Bildern, um, kurz gesagt, die Dinge zu weiten, führte die schulische Übung alles wieder auf nichts als den Gegenstand zurück, um in ihm eine gültige Antwort zu finden. Mit anderen Worten: Aus meinem Doppelhaiku war, wenn auch mit den hehrsten Zielen, ein Rätselgedicht geworden, eines jener Versgebilde mit dem geringsten Mysterium, weil in ihm tatsächlich nur das X in der Gleichung gefunden werden muß, um die gestellte Aufgabe zu erfüllen. Vielleicht sagt uns nichts weniger über das Rätsel des Gedichts als das Rätselgedicht.

IV

Kehren wir zurück zum »locked room«, lassen wir uns noch etwas länger ein auf die Analogie, die Poe uns zu bieten scheint – denn die Vorstellung des Gedichts als Raum, als Zimmer, aus dem der Autor, sagen wir ruhig: der Täter, soeben auf unerklärliche Weise verschwunden ist, ohne Fußspuren und Fingerabdrücke zu hinterlassen, hat zweifellos ihren Reiz.

Folgendermaßen also beschreibt Poe im ›Doppelmord in der Rue Morgue‹ das Eindringen in den Raum: »Als man zu einem großen Hinterzimmer im vierten Stock kam (dessen Türe, da es sich verschlossen fand und der Schlüssel innen steckte, mit Gewalt geöffnet wurde), bot sich ein Anblick, bei welchem alle Anwesenden nicht weniger Entsetzen denn Erstaunen überfiel.«

Ähnliches, meine ich, widerfährt doch dem Leser, der den Raum eines Gedichts betritt. Zwar findet er nur selten, wie bei Brecht und Benn, eine Leiche vor – aber er gerät doch in einen Zustand, der jenseits des Gewohnten liegt. Was er sieht, mag in groben Umrissen wiedererkennbar sein, sich auf verwirrende Weise mit seinen Kenntnissen, seinen bisherigen Erfahrungen decken – und doch sind die Zusammenhänge und Maßstäbe verschoben, wird der Leser gezwungen, die Dinge neu wahrzunehmen. Etwas Unerwartetes ist geschehen. Die Normalität ist zwar nicht vollkommen aufgehoben, sie ist aber um ein Winziges, um ein Entscheidendes verrückt worden, eben: staunenswert geworden.

18

Nicht ohne Grund taucht das Wort »Staunen« sowohl in Poes Detektivgeschichte als auch in ungezählten poetologischen Auseinandersetzungen auf, in denen Lyriker unterschiedlichster Provenienz das Gedicht und seinen besonderen Raum zu definieren versucht haben. Nicht nur bezeichnet Osip Mandelstam die Fähigkeit zu staunen als die Haupttugend des Dichters; die Kunst des Dichters besteht ja gerade darin, dieses Erstaunliche auch dem Leser zu vermitteln, die Fähigkeit zu staunen auch in ihm wachzurufen. Charles Baudelaire, der, ich erwähnte es schon, Edgar Allan Poe ins Französische übersetzte und ihn überhaupt erst in Europa bekannt machte, bemerkt in seinen ›Fusées‹: »Was nicht unmerklich entstellt ist, wirkt kühl und empfindungslos – hieraus ergibt sich, daß das Unregelmäßige, das heißt das Unerwartete, die Überraschung, das Erstaunen ein wesentliches und charakteristisches Merkmal des Schönen darstellen.« Und John Keats, der viel zu jung an Tuberkulose gestorbene englische Romantiker, Verfasser der grandiosen Oden an die Nachtigall und an eine griechische Vase, fordert in einem Brief an John Hamilton Reynolds, daß die Dichtung durch ihren Gegenstand frappieren und in höchstes Erstaunen versetzen solle; er schließt mit dem herrlichen Ausruf: »Wie schön sind die Blumen, die im Verborgenen blühen!«

Daß gerade im Zusammenhang mit Gedichten oft zu dem Wörtchen »hermetisch« gegriffen wird, ist also kein Zufall, wobei man mit »hermetisch« für gewöhnlich »dunkel« und »unverständlich« meint. Ursprünglich bedeutet das Wort »hermetisch« natürlich so viel wie »fest verschlossen« und geht auf den griechischen Gott Hermes zurück, dem es gelang, eine Glasröhre mittels seines magischen Siegels luftdicht zu verschließen: Auch hier begegnen wir, ein weiteres Mal, dem verschlossenen Raum. Tatsächlich aber hört man den Satz »Das verstehe ich nicht« auch im Zusammenhang mit Gedichten, die alles andere als hermetisch sind, die man im Gegenteil für vergleichsweise zugänglich halten sollte, und man hört ihn, das ist jedenfalls meine Erfahrung, oftmals auch von solchen Menschen, die gebildet, belesen, ja literarisch überdurchschnittlich beschlagen sind. Nehmen wir als

Beispiel eines der berühmtesten Gedichte der modernen Lyrik, nehmen wir die acht Zeilen, die William Carlos Williams seinem Gedichtband ›Spring and All‹ von 1923 zunächst nur unter einer römischen Nummer einfügte und das heute unter dem Titel ›The Red Wheelbarrow‹, ›Die rote Schubkarre‹, in keiner Anthologie amerikanischer Poesie fehlt. Ich zitiere Ihnen das Gedicht, seine Kürze erlaubt dies, zunächst im Original und dann in einer Übersetzung, die von Walter Fritzsche stammt:

so much depends	so viel hängt ab
upon	von
a red wheel	einer roten Schub-
barrow	karre
glazed with rain	glänzend von Regen-
water	wasser
beside the white	bei den weißen
chickens	Hühnern

Dieses sparsame Gedicht kommt, könnte man sagen, dem Gewöhnlichen, der vertrauten Lebenswelt so nah, wie ein Gedicht ihr nur kommen kann, ohne aufzuhören, ein Gedicht zu sein. Das ist durchaus programmatisch, ging es Williams doch darum, in Abgrenzung zu Dichtern wie etwa T.S. Eliot und Ezra Pound, eine typisch amerikanische Dichtung zu entwickeln, die Wirklichkeit des modernen Amerika in eine moderne, dieser Wirklichkeit angemessene Lyrik Eingang finden zu lassen. Williams wägt jedes Wort ab, jede Silbe wird sparsam gesetzt. Auch er fabriziert seine Effekte und Akzente also sehr bewußt, ja, er trennt sogar die Substantive »wheel-barrows und »rain-water«, um das Gemälde sich nach und nach entwickeln zu lassen, fast tröpfeln die Silben selbst wie das Regenwasser herab. Besonders augenfällig wird das genaue Abwägen bei der Farbgebung: Zunächst das pralle Rot des Karrens, das durch die

Regenglasur noch eine andere, feinere Qualität bekommt, schließlich das Weiß der – und hier trennt Williams noch einmal die Zeilen – der Hühner. Erstaunlich sinnlich ist dieses Gedicht, wie viele der Gedichte des Arztes William Carlos Williams aus Rutherford, New Jersey – man denke nur an sein vielleicht ebenso berühmtes Gedicht ›This is just to say‹ und dessen eisgekühlte, köstliche Pflaumen.

Eine simple Alltagsbeobachtung also, eine Momentaufnahme – wäre da nicht die einleitende Zeile. »So much depends«, »so viel hängt ab«, von der roten Schubkarre nämlich, doch warum? Weil ein Arbeiter seine Familie mit ihr ernähren muß, also auf sie angewiesen ist? Das wäre eine sehr praktische, aber mögliche Lesart. Eine andere wäre: Weil das Glück der wunschlosen Betrachtung von ihm, dem Karren, und sei es nur für die Dauer einer Minute, garantiert wird. Auch das Gedicht selbst beruht auf dem »red wheelbarrow«, dieses eine Gedicht im besonderen, weil es von ihm ausgeht und ihn in den Mittelpunkt rückt, alle anderen Gedichte aber ebenso, wenn man den roten Karren als Synonym für all die sinnlichen, für all die präzise beobachteten Details versteht, für jene vermeintlich unwichtigen Petitessen, ohne die doch die sogenannten großen, die ewigen Fragen keinen Halt im Gedicht fänden, weil sie rein abstrakt und damit unverständlich blieben. Man kann sagen: Unser aller Nachdenken über den roten Karren beruht auf diesem Karren, auf dem konkreten, weltlichen Objekt also – »no ideas but in things«, wie Williams verfügte. Nicht zuletzt aber verdeutlicht selbst dieses vermeintlich schlichte Gedicht mit seinen verblüffenden Unwägbarkeiten, mit all den Fragen, die es aufzuwerfen vermag, wovon noch so viel mehr abhängt – vom Leser.

V

Was also ist dies für ein Raum, der das Gedicht ist? Zunächst einmal darf man Poe nach wie vor Recht geben: Es ist einer, der mit Präzision und handwerklicher Meisterschaft eingerichtet worden sein sollte. Hinzufügen ließe sich allerdings, daß der Zufall und die plötzliche Fügung selbstverständlich ihren Platz im Prozeß des Schreibens haben, ja haben müssen, daß vielmehr gerade die genaue Spracharbeit unverhofft zu einer Idee, einer Wendung, einer Laune jenseits des bloß Rationalen führt, die unabsehbar war, die sich nicht berechnen ließ. Auch dies sorgt für die kleinen Glücksmomente beim Lesen — wie übrigens auch beim Schreiben. Wenn man das Wort »Wunder« nicht scheut, dann kann man es so ausdrücken wie der walisische Dichter Dylan Thomas, der im Laufe seines viel zu kurzen, rauschhaften Lebens selber immer genauer und langsamer arbeitete; er zitiert in der folgenden Passage, das paßt zu dem Thema, mit dem wir begannen, ausgerechnet Gilbert Keith Chesterton, den Schöpfer der Detektivgeschichten um Pater Brown: »Kein Dichter«, schreibt also Thomas, »würde intensiv der komplizierten Kunst des Dichtens nachgehen, hoffte er nicht, daß sich plötzlich der Zufall der Magie ereignen werde. Er muß Chesterton beipflichten, daß das richtig Wunderbare an den Wundern ist, daß sie manchmal wirklich geschehen. Und das beste Gedicht ist jenes, dessen erarbeitete unmagische Teile an Struktur und Intensität an diese Augenblicke des magischen Zufalls am nächsten herankommen.« Auch in dieser poetologischen Aussage klingt von ferne an, was Poes namenloser Erzähler über den Detektiv sagt: »Seine Ergebnisse, erbracht wohl ganz im Wesen und Geiste der Methode, haben in Wahrheit durchaus den Hauch von Intuition an sich.«

Aber weiter. Das Gedicht ist ein Raum, der aus flüchtigsten Materialien erbaut ist, aus bloßen Lauten nämlich, und der doch stabil wirkt und zu überdauern vermag, weniger weil er in gedruckter Form auf Papier zu finden ist, das auch, sondern weil seine Sprache gebunden ist, hochkonzentriert und vor allem memorierbar, einprägsam, unvergeßlich, was bekanntlich mit ein Grund war für die Erfindung von Reim und Metrum. Es ist ein Raum, dessen Umfang zwar minimal ist, ein ausgeklügeltes Sprachkämmerchen gewissermaßen, in dem verblüffenderweise aber trotzdem alles seinen Platz finden kann, ohne daß es zu eng würde. Disparateste Dinge gehen eine wie selbstverständlich

22

wirkende Verbindung ein, in Zeit und Raum weit Auseinander-
liegendes findet zusammen in nichts als einer Strophe, ja in einer
einzigen Zeile. Das Gedicht ist ein Speicher, der uns nicht nur die
Welt eines römischen, griechischen, chinesischen Dichters in ih-
rem Kern erhält und ihn so zu unserem Zeitgenossen macht (und
uns zu seinen), sondern auch die Erinnerungen und Erfahrungen
beider aufnimmt, Dichter wie Leser; ein Raum, in dem noch das
Unauffälligste zu einer leuchtenden Präsenz gelangen kann, in
dem selbst im Geringsten die großen, ja die größten Themen faß-
bar zu werden scheinen, mit einem Wort: Ein Raum, in dem
Paradoxien nicht nur möglich sind, sondern die Regel. Wenig, aber
viel, präzise und doch voller Überraschungen, genauestens ver-
fugt und doch durchlässig für alles, klein aber potentiell unend-
lich. Ich riskiere es, Ihnen ein weiteres Gedicht vorzutragen, das
sich nicht nur dem Kleinsten, in diesem Fall einigen ungeliebten
Insekten widmet, sondern auch in einem solchen paradoxen Bild
endet, und das deshalb vielleicht zu illustrieren vermag, welche
Freiheiten ein Gedicht sich und damit auch uns erlaubt. Das
Gedicht trägt den Titel ›versuch über mücken‹:

> als hätten sich alle buchstaben
> auf einmal aus der zeitung gelöst
> und stünden als schwarm in der luft;
>
> stehen als schwarm in der luft,
> bringen von all den schlechten nachrichten
> keine, dürftige musen, dürre
>
> pegasusse, summen sich selbst nur ins ohr;
> geschaffen aus dem letzten faden
> von rauch, wenn die kerze erlischt,
>
> so leicht, daß sich kaum sagen läßt: sie sind,
> erscheinen sie fast als schatten,
> die man aus einer anderen welt

in die unsere wirft; sie tanzen,
dünner als mit bleistift gezeichnet
die glieder; winzige sphinxenleiber;

der stein von rosetta, ohne den stein.

Es läßt sich, meine Damen und Herren, nicht länger verschweigen, ist vermutlich längst offensichtlich: Daß nämlich jener Raum, der gemeinhin noch immer als hermetisch, als fest verschlossen bezeichnet wird, in Wahrheit ein offener ist – genauer gesagt, der offenste, der jedenfalls mir bekannt wäre. Und trotzdem, glaube ich, muß man den Einwurf ernstnehmen, dieses »Verstehe ich nicht« eines zögerlichen Lesers, der die Schwelle nicht zu überschreiten wagt.

Immerhin ist es ja an ihm, muß er ja auf sich selbst und seine eigene Urteilskraft vertrauen; er ist es, kein anderer, der den dargebotenen Hinweisen folgt, der eingeladen ist, zu »entdecken« – denn nichts anderes bedeutet das lateinische Verb »detegere«, von dem der »Detektiv« sich herleitet. Kein namenloser Freund von Auguste Dupin, kein Doktor Watson begleiten ihn Seite um Seite zu einem befriedigenden Ergebnis, auf eine vorgeprägte und allein mögliche Antwort zu. Es ist in diesem Moment allein sein Raum, mehr noch als der des Verfassers.

Während ein Krimi mit einem Moment der Konfusion beginnt, am Schluß aber, bevor man das Buch zuschlägt, die bekannte Ordnung wieder hergestellt ist, wirkt nach einem Gedicht unter Umständen nichts mehr wie gewohnt. Dies zu genießen lernen bedeutet auch anzuerkennen, daß die Ordnung, auf die wir Tag für Tag vertrauen, eine höchst fragile ist, daß jenseits davon also Fragen warten, die sich weder in ein Schema fügen wollen noch überhaupt eine Antwort zulassen. Es gelingt uns, dies durch eine – zweifellos notwendige – Routine zu verdrängen, die das Gedicht jedoch unterbricht, um aus der Routine nicht Gefangenschaft werden zu lassen.

Denken wir noch einmal an Audens Theorie zurück und auch an die einander so nahen Wörter »Lösung« und »Erlösung«, so ist eine der Paradoxien des Gedichts eben auch, daß es uns ehrlicherweise und anders als der Krimi zwar keine Lösung bietet – dies tun nur schlechte Gedichte, Ratgeberverse, Kalendersprüche –, aber dennoch eine lösende, eine erlösende Wirkung haben kann, weil es den Dingen, den Fragwürdigkeiten, eine alle Sinne und unser ästhetisches Empfinden befriedigende und damit letztlich trostreiche Form verleiht. Das ist das poetische Ereignis, das sich so schwer definieren läßt. Man könnte sagen, das Gedicht mache das Beste aus den Widersprüchlichkeiten unserer Welt und unserer Existenz, indem es diese nicht leugnet, sondern sie im Gegenteil spielerisch aufgreift, als eine Feier der Möglichkeiten und der Unmöglichkeiten, und sich so aller Schwere entledigt oder sie doch tragbar macht. Man könnte sagen, wiederum auf paradoxe Art, das Gedicht sei die größte Freiheit auf engstem Raum. Oder man hält sich an Emily Dickinson, die das Erlebnis des gelungenen Gedichtes einmal so beschrieb: »If it feels as if the top of my head is taken off, I know it is poetry.«

VI

Diese sich bietende Freiheit als Genuß zu empfinden, ist sicherlich auch eine Frage von Geduld und Lernbereitschaft; das gilt allerdings für fast alle Dinge, auch für Gleitschirmfliegen, A-cappella-Gesang und Schach. Ich muß jedoch zugeben, daß ich immer öfter darüber nachdenke, was jene Schwelle ausmacht, daß ich mir Gedanken mache über die heikle Balance zwischen dem Vertrauten und dem Unbekannten im Gedicht, genauer: Über den Grad der Neuheit, die ein poetischer Text immer mit sich bringen muß, weil er die Dinge so erfaßt und ausdrückt, wie sie zuvor noch nie gesehen und ausgedrückt worden sind, und den des Gewöhnlichen, des Gewohnten. Zuwenig des Wiedererkennbaren, an das sich anknüpfen läßt, und das Neue verliert den Hintergrund, vor dem es erst sichtbar, vor dem es wahrhaft erstaunlich wird. Zuviel des Bekannten auf der anderen Seite, und man riskiert, dem Nichtssagenden, dem Nichtgedicht zu verfal-

25

len. Wie Joseph Brodsky einmal richtig bemerkte, verabscheut die Literatur die Wiederholung: Man könne im Alltag problemlos dreimal hintereinander den selben Witz erzählen und damit sogar zum gefeierten Mittelpunkt einer Party werden; in der Kunst hingegen bezeichne man dies als Klischee. Aber, frage ich mich, hat nicht auch Pablo Neruda recht, der, vielleicht inmitten seiner Sammlung von Kriminalromanen im Sommerhaus zu Valparaíso, über eine »Poésie impure« nachdachte? »Vergessen wir niemals«, schreibt er, »die Melancholie, die verschlissene Sentimentalität, Früchte wunderbarer, vergessener Kräfte des Menschen, unrein, vollkommen, weggeworfen vom Wahn der Literaten: das Licht des Mondes, der Schwan in der Dämmerung, ›Herz, mein Herz‹: das ist ohne Zweifel elementare und unausweichliche Poesie. Wer sich vor dem Geschmacklosen fürchtet, den holt der Frost.«

Letztlich ist es an uns, und damit meine ich: an den Dichtern, dafür zu sorgen, daß den Leser, ganz wie jene Personen, die die Tür in der Rue Morgue aufbrachen, »weniger Entsetzen denn Erstaunen« überkommt. Eine überaus bedenkenswerte Formel. Das heißt nicht, die Schwierigkeiten zu leugnen, die jede Gedichtlektüre mit sich bringt; auch kann es nicht bedeuten, wissentlich und aus freien Stücken auf die Komplexität zu verzichten, die der Poesie zwangsläufig und angemessenerweise innewohnt. Alles, was zum Gelingen eines Gedichts beiträgt, muß dem Leser zugemutet werden; weniger zu geben, hieße ihn, den Partner, zu betrügen, ihm die Perfektion vorzuenthalten, die ihm zusteht. Und doch haben wir davon zu überzeugen, daß das Betreten des Raumes sich lohnt, daß es auf das Spiel, nicht das Spielergebnis ankommt, und daß die komplizierte Lust des Fragens der einfachen Befriedigung der Gewißheit vorzuziehen ist, so daß dieser zunächst verschlossen wirkende Raum letztlich bewohnbar wird für den, von dem es abhängt, *on whom it depends*, für den Leser nämlich. Ohne ihn senkt sich der Staub auf die Möbel, auf die vertrackten Einrichtungen, die sinnreichen Erfindungen und die doppelten Böden. Und um ihn zu überzeugen stehen uns all die Räder und Getriebe zur Verfügung, von denen Edgar Allan Poe in

26

seiner ›Philosophy of Composition‹ spricht, die gesamte herrliche Maschinerie, die uns die Sprache zu bieten hat: Die Metapher und der Vergleich, das Arsenal der Formen, Alliteration, Reim und Assonanz, die sogenannte gewöhnliche Sprache genauso wie der Fachjargon, von denen alle eine eigene Rede verdient hätten. Und selbst das Erzählerische, dessen Einbruch ins Gedicht Gottfried Benn nie gutheißen wollte, kann eines der Mittel sein, derer sich ein Gedicht bedient, die Erzählerrolle, ob es sich um das oft beschworene lyrische Ich handelt, dem man nicht trauen sollte, weil es Teil des Spiels ist, oder um das allgemeinere »Wir«, das den Leser einschließen kann und so noch müheloser zum Teilnehmenden macht.

Erlauben Sie mir, ein letztes Gedicht zu lesen, das eine solche Erzählstimme nutzt und darüber hinaus, jedenfalls hoffe ich das, eine Reihe jener sprachlichen Elemente aufweist, von denen zuvor die Rede war. Es handelt sich um ein Sonett, um ein Gedicht vielmehr, das mit der Sonettform spielt, sie respektvoll unterwandert, und das in Landstrichen angesiedelt ist, in der auch die protestantische Täufergemeinde der Amischen anzutreffen wäre, also in Pennsylvania etwa oder Ohio; der Titel des Gedichts lautet folglich ›amisch‹:

was wir für eine schwarze kutsche hielten,
war nur der schatten einer wolke, saß
als schwarm von raben über einem aas,
bis wir die schwarze kutsche überholten.

die scheunen zwischen tag und nacht, die farmen,
von wäsche blind; das rübenstecken,
das sticken, und wie riesige insekten-
eier die wassertürme in der ferne.

der laden führte bottiche, propan-
gaslampen, einen fahnensaal von sensen.
amanda kaufte eine dieser puppen

ohne gesicht, als prompt zwei pferdebremsen
sich niederließen, ein paar dunkle augen,
die schielten, krabbelten, dann weiterflogen.

Mit diesem Rätsel, diesem tatortähnlichen Tableau und natürlich mit den Anmerkungen zum Narrativen vollendet sich der Bogen, kehre ich zum Anfang zurück, der einer Unterform des Romans gewidmet war, scheine ich mir sogar zu widersprechen, indem ich den Erzähler, sei er auch vielgestaltig und brilliant maskiert, indem ich das erzählerische Element auch für das Gedicht in Anspruch nehme. Lassen Sie mich deshalb abschließend den augenfälligsten Unterschied zwischen Kriminalroman und Poesie nennen. Eine Detektivgeschichte liest man nur ein einziges Mal, weil mit der Auflösung ihre Aufgabe erfüllt ist. Ein gelungenes Gedicht hingegen liest man immer aufs Neue. Sollte dies nicht möglich sein, so ist es kein gutes Gedicht, ist es nicht von Auden oder Poe, von Brecht oder Brodsky. Wenn man nicht ins Staunen kam, dann war es nicht von Mandelstam, von Dylan Thomas oder Pablo Neruda. Will man es nicht wieder und wieder betreten, meine Damen und Herren, dann waren es nicht Baudelaire oder Benn, dann war es wie immer der Butler.

Münchner Reden zur Poesie
in der Stiftung Lyrik Kabinett München
Herausgegeben von Ursula Haeusgen und Frieder von Ammon
Lektorat Christian Döring · Typographie Friedrich Pfäfflin

Martin Mosebach, Ein Haus für Gedichte. Rede zur Eröffnung des neuen Lyrik Kabinetts München in der Großen Aula der Ludwig-Maximilians-Universität am 3. März 2005. ISBN 978-3-9807150-9-6, Geheftet, 20 Seiten. 7,00 EUR

Münchner Reden 1

Ernst Osterkamp, Die Götter – die Menschen. Friedrich Schillers lyrische Antike. Rede, gehalten im Juni 2005 im Lyrik Kabinett München. ISBN 978-3-938776-00-1, Geheftet, 29 Seiten, 12,00 EUR

Münchner Reden 2

Marcel Beyer, AURORA. Rede, gehalten am 31. Mai 2006 im Lyrik Kabinett München. ISBN 978-3-938776-02-5, Geheftet, 24 Seiten, 12,00 EUR

Münchner Reden 3

Friedhelm Kemp, Gen Unverklungen. Der eine Dichter, das eine Gedicht ge-stern und heute. Rede, gehalten am 17. Oktober 2006 im Lyrik Kabinett München. ISBN 3-938776-08-7, 36 Seiten. 12,00 EUR

Münchner Reden 4

Anja Utler, plötzlicher mohn. Rede, gehalten am 16. Juli 2007 im Lyrik Kabinett München. ISBN 978-3-938776-14-8, Geheftet, 28 Seiten, 12,00 EUR

Münchner Reden 5

Christoph Meckel, Die Kerle haben etwas an sich. Kunstfiguren, Liebliche Berge. Rede, gehalten am 10. Dezember 2007 im Lyrik Kabinett München. ISBN 978-3-938776-16-2, 32 Seiten. 12,00 EUR

Münchner Reden 6

Lucian Hölscher, »Wenn ich ein Vöglein wär' ...« Über Utopien und Wirklichkeiten in der Neuzeit. Rede, gehalten am 10. Dezember 2008 im Lyrik Kabinett München. ISBN 978-3-938776-18-6, 21 Seiten. 12,00 EUR

Münchner Reden 7

Heinrich Detering, Vom Zählen der Silben. Über das lyrische Handwerk. Rede, gehalten am 4. Mai 2009 im Lyrik Kabinett München. ISBN 978-3-938776-22-3, 29 Seiten. 12,00 EUR

Münchner Reden 8

Uljana Wolf, BOX OFFICE. Rede, gehalten am 11. November 2009 im Lyrik Kabinett München. ISBN 978-3-93877-26-1. 12,00 EUR